KIKI
ILUSTRACION

LOS ZOOMIES Y LA ROPA

ISBN: 0-658-00352-6

Published by Laredo Publishing,
a division of NTC/Contemporary Publishing Group, Inc.
4255 West Touhy Avenue, Lincolnwood (Chicago), Illinois 60646-1975 U.S.A.

Printed in Hong Kong

00 01 02 03 04 05 06 07 08 09 WKT 9 8 7 6 5 4 3 2 1

Laredo Publishing
a division of NTC/Contemporary Publishing Group
Lincolnwood, IL USA

La vaca lleva un suéter.

el suéter

El gato lleva una camiseta.

la camiseta

La Señora Zorra lleva un vestido.

el vestido

La oveja lleva unos pantalones.

los pantalones

La foca tiene unos zapatos.

los zapatos

La jirafa lleva un traje de baño.

el traje de baño

La Mamá Elefante lleva una falda.

la falda

El león tiene un pijama.

el pijama

La Mamá Osa lleva un sombrero.

el sombrero

El Señor Lobo tiene calcetines.

los calcetines

El oso lleva un abrigo rojo.

el abrigo

*Los Zoomies y la ropa
está dedicado a
Robin.*